16885

ORAISON FUNEBRE

DE MONSEIGNEUR

CHRISTOPHE DE BEAUMONT,

Comte de Lyon, Archevêque de Paris, Duc de Saint-Cloud, Pair de France, Commandeur de l'Ordre du Saint-Esprit, Proviseur de Sorbonne, &c.

Par M. l'Abbé THUET, Prêtre du Diocèse de Noyon, & premier Vicaire de Saint-Médard.

A LA HAYE,

Et se trouve à PARIS,

Chez

L'AUTEUR, au Vicariat de Saint-Médard, rue d'Orléans, Fauxbourg Saint-Marcel.

CHARLES-PIERRE BERTON, Libraire, rue Saint-Victor, vis-à-vis le Séminaire Saint-Nicolas-du-Chardonnet, au Soleil levant.

M. DCC. LXXXII.

ORAISON FUNEBRE

DE MONSEIGNEUR

CHRISTOPHE DE BEAUMONT,

ARCHEVÊQUE DE PARIS, &c. &c.

Ambulavit pes meus iter rectum à juventute meâ, zelatus sum bonum & non confundar; & venter meus conturbatus est, proptereà bonam possidebo possessionem.

Dès ma tendre jeunesse, j'ai marché dans la droiture de mon cœur, le zele m'a dévoré, & je ne serai pas confondu; mes entrailles se sont émues à la vue de la misere des pauvres, & par conséquent je posséderai un héritage éternel.

Eccléfiaftique, Chap. 51.

L'Esprit-Saint, cet Oracle de la vérité, nous traçant en des caracteres énergiques le tableau du Grand-Prêtre Simon, sembleroit avoir d'un même trait fait celui du Prélat qui est en ce jour l'objet de nos regrets. Quelle conformité, quelle ressemblance dans les portraits! Tel que ce Pontife dont les

A ij

Livres saints confacrent la mémoire par des éloges pompeux, vous l'avez vu, Messieurs, briller comme l'étoile du matin, au milieu des nuages, & appliqué aux fonctions du Sacerdoce parmi les enfans d'Aaron, préfenter d'une main pure l'oblation de la victime, foutenir la maifon du Seigneur, & délivrer de la perdition le peuple confié à fes foins, en répandant fur lui la rofée du Ciel, & le nourriffant de la graiffe de la terre. Ah! Seigneur, je fais que fi vous ne réuffiffez pas à parler aux coupables par des vengeances fecrettes, vous frappez les grands coups qui étonnent. Falloit-il donc que votre bras s'appefantît fur une tête fi chere à te vafte Diocèse? Nos vœux que vous exaucâtes toujours, n'ont pu en ce moment défarmer votre colere; il étoit donc arrêté dans vos decrets que nous verrions périr fous nos yeux celui que vous aviez retiré plus d'une fois des portes du tombeau (1).

En célébrant la guérifon du Prélat, dont nous honorons aujourd'hui la mémoire, aurois-je cru, Messieurs, que je devois un jour élever ma foible voix pour être l'interprête de vos fentimens & de la douleur publique? Elle feroit inconfolable, fi la Religion dont il a toujours refpecté les oracles, ne venoit tarir la fource de nos larmes, & fi elle ne nous apprenoit que la mort peut bien dépouiller le jufte de fes titres, de fes dignités, mais qu'après avoir bien vécu, il peut lui adreffer l'ironie de l'Apôtre : *O mort! où eft ton aiguillon? où eft ta victoire?*

---

(1) Ode préfentée à Monfeigneur l'Archevêque, le 19 Juillet 1777, fur fa convalefcence.

Nos regrets & nos larmes conviendroient mieux que ces éloges pompeux qui servent plutôt à flatter la vanité qu'à instruire ; mais si l'Esprit-Saint a consacré la mémoire du Grand-Prêtre Simon, pourquoi balancerois-je à développer les vertus d'un Prélat qui n'a jamais démenti les qualités qui conviennent à l'Episcopat ? puisque c'est entrer même dans l'esprit des Livres saints qui nous invitent à louer les hommes célébres, & qui font le panégyrique des plus grands personnages. S'il n'avoit eu que des vertus humaines, je me bornerois à un silence respectueux, & je laisserois aux mondains à louer ce que le monde canonise. Mais en vous traçant le portrait d'Illustrissime & Révérendissime Pere en Dieu, Monseigneur CHRISTOPHE DE BEAUMONT, Archevêque de Paris, Duc de Saint-Cloud, Pair de France, Commandeur de l'Ordre du Saint-Esprit, Proviseur de Sorbonne, &c. je vous montrerai un Pontife dont la conduite fut toujours réglée par les maximes de l'Evangile : *ambulavit pes meus iter rectum* ; un Pontife qui ne fit servir son autorité qu'à maintenir les droits de la Religion : *zelatus sum bonum* ; enfin un Pontife dont les entrailles s'émurent à la vue des miseres humaines : *venter meus conturbatus est.* Oui, Messieurs, vous admirerez dans le Prélat dont j'entreprends l'éloge, un homme irréprochable dans ses mœurs, un Pontife dévoré du zele de la maison de Dieu, un pere charitable envers les pauvres.

N'attendez pas que je vienne jetter des fleurs sur son tombeau, les ornemens de l'éloquence conviennent à un sujet qui intéresse la vanité ; le récit simple de ses vertus justifiera nos regrets ; l'espérance de son bonheur sera le motif de notre consolation : heureux, si en payant le tribut à la mémoire du Prélat, je réponds à votre attente.

PREMIERE PARTIE.

JE LAISSE aux Généalogistes à percer la nuit des temps, pour exposer au jour l'ancienneté de la Noblesse des Grands du monde. Le moindre mérite de M. DE BEAUMONT fut d'être issu du sang d'un grand nombre de Héros, dont l'origine remonte jusqu'aux âges reculés, & qui ont soutenu les intérêts de l'Etat. La naissance est de peu de valeur, si des qualités plus recommandables n'y suppléent. Il n'appartenoit qu'au Prélat dont la mémoire sera toujours gravée dans nos cœurs, de montrer ce que peut la grace de J. C. A peine sa raison commença-t-elle à se développer, que le Ciel paroissoit avoir sur lui des vues particulieres, & le conduire par des voies imperceptibles à cette perfection qui devoit le rendre un jour un *spectacle digne de Dieu, des anges & des hommes.* Je sais que l'éducation contribue beaucoup à l'innocence des mœurs, & que quand, selon l'expression de l'Apôtre, *la racine est sainte, les branches le sont aussi* ; je sais que la sagesse qui *descend d'en haut du pere des lumieres*, n'est pas une succession qui se recueille comme les biens temporels ; mais lorsque l'exemple, plus efficace que l'instruction parle au cœur, qu'il a de poids sur une ame où les paffions n'ont pas encore exercé leur empire ! Cependant il faut le dire à la gloire du Prélat, il n'attend pas la maturité de l'âge, *pour porter le joug du Seigneur ;* vous diriez qu'il avoit reçu comme Salomon *des difpofitions heureufes pour le bien*, & que fon ame, felon l'expreffion de Tertullien, étoit *naturellement chrétienne*. Sa jeuneffe étoit comme celle du fage, *femblable à cette lumiere qui va toujours en croiffant jufqu'à ce qu'elle foit arrivée à un jour parfait*, & pour parler avec l'Apôtre, quels furent fes foins pout conferver *avec honneur le vafe de fon corps ?* J'en attefte ces vieillards refpectables qui ont couru avec lui la même carriere dans cette Ecole célébre de la fcience & des vertus facerdotales. Ils vous diront que M. l'Abbé DE BEAUMONT aima fes devoirs & les remplit, & que dès fa jeuneffe, comme le Grand-Prêtre Onias, il s'exerçoit déjà à toutes les vertus : *à puero in virtutibus exercitatus ;* ils vous diront qu'il avoit fait comme Job, *un pacte avec fes yeux*, pour ne voir aucun objet féduifant ; & qu'il avoit mis fur fes levres une garde de circonfpection pour ne prononcer aucune parole capable d'allarmer la pudeur ; ils vous diront que s'étant dépouillé de l'habit du fiecle, il ne laiffa jamais ramper fur la terre une langue deftinée un jour à prononcer des paroles de bénédiction, & qu'il n'étoit pas un de ces profanes Héliodores, qui cherchent à entrer dans le Temple, parce qu'ils ont entendu dire qu'il renfermoit les tréfors propres à nourrir leur fafte & leur grandeur.

Illuſtre Prélat, digne de nos hommages, que ne m'eſt-
il permis de ſonder les replis de votre cœur! j'y dé-
couvrirois cette droiture qui le rend inacceſſible aux
pieges de l'ambition , qui par des voies illégitimes
s'éleve aux honneurs; cette candeur qui ne ſait pas
connoître les détours de la politique ; cette tendreſſe
de piété qui fut toujours l'ame de vos actións.

Oui, Meſſieurs, l'Abbé DE BEAUMONT connoiſ-
ſoit trop le péril des dignités pour les ſouhaiter; convaincu de cette maxime, qu'il faut être appellé de
Dieu comme Aaron pour monter aux premieres
places de l'Egliſe, jamais il n'employa les intrigues
dont l'ambition noue le fil à l'ombre & dans le ſilence.
Le dernier rang dans la maiſon du Seigneur lui eût
paru préférable à l'entrée du Sanctuaire, ſi la chair
& le ſang euſſent dû lui en ouvrir les barrieres. Dans le
ſiecle où nous ſommes, où ſouvent la cabale plutôt que le
mérite s'efforce de diſpoſer des dignités, la Nobleſſe
du ſang & les ſervices rendus à l'Etat ſont les ſeuls
titres qu'on montre pour franchir d'un ſeul pas l'im-
menſité de la diſtance , & paroître au bout de la carriere,
avant de l'avoir parcourue. M. DE BEAUMONT, tel
que le vaſe d'élection, attend que la voix du Ciel s'ex-
plique par un Ananie, pour accepter le fardeau ſi redoutable aux Anges mêmes.

Qui pourroit donc ſoupçonner d'ambition ce Prélat,
qui content de l'Epouſe que J. C. lui avoit confiée,
vouloit mourir comme le Patriarche Jacob au milieu de ſes enfans , & leur donner ſa derniere bénédiction ? Ah! Peuples qu'il gouverna avec tant de ſa-

gefle , & qui faifiez *fa joie & fa couronne*; euffiez-
vous cru que le Ciel n'avoit fait que vous le montrer en vous l'enlevant fi-tôt? Vous fentez quelles furent fes allarmes, lorfque ne pouvant plus tenir contre
les ordres du Prince, il fe vit contraint de vous abandonner. Tout autre avide d'honneurs , & porté fur les aîles
de la fortune fe feroit hâté d'accepter un Siege qui donne
en fpectacle , & fait marcher de pair avec les premiers
du Royaume. M. DE BEAUMONT avoit des vues
plus nobles & plus défintéreffées; LOUIS XV les
pénétre , c'en eft affez; des ordres pofitifs & réitérés
émanent du Trône , il fe rend. Peut-être l'envie ,
pour répandre des ombres fur le tableau qui nous repréfente fes vertus , ofera nous objecter qu'il cher-
choit le repos. Fut-il jamais homme plus occupé de
fes devoirs? Rappellez-vous, Meffieurs, ce temps où
M. DE BEAUMONT fut Official de Blois. A Blois,
comme un autre Samuel , il exerçoit la Judicature avec
autant de lumieres que d'intégrité. Quelle activité pour
pénétrer le labyrinthe tortueux des Loix , & délivrer la
vérité de ces artifices qui fouvent la retiennent cap-
tive dans l'injuftice. Lorfque la Providence l'appella à
la conduite des ames, fut-il un de ces hommes plongés
dans une molle oifiveté qui abandonnent les rênes du
gouvernement à des mains étrangeres? L'Abbé DE
BEAUMONT fe regarde comme *le fentinelle d'Ifraël*,
auquel le devoir impofe la néceffité *de s'intéreffer à
la fûreté de la fille de Sion.* Quelle application à veiller fur toutes les parties de fon Diocèfe, malgré fa
jufte confiance dans ceux auxquels il accorde une

portion de fon autorité! il veut préfider à tout; convaincu que le miniftere d'un Evêque n'eft pas une dignité qui retient pour foi les honneurs, & en diftri-
bue aux autres les fatigues comme des faveurs, mais
une fervitude pénible qui *le rend redevable à tous.*

Oui, Meffieurs, jamais Prélat ne fut plus avare
de fon temps, & plus prodigue de fa fanté; dans le
temps qu'une réponfe de mort que nous portons au-
dedans de nous-mêmes l'avertiffoit de modérer l'activité de fes travaux, il ne veut écouter d'autre re-
montrance que la voix du Ciel.

Sous quelque rapport qu'on envifage M. DE BEAU-
MONT, toujours on remarque le Prélat. Placé fur
un des plus beaux Sieges du Royaume & à la fource des graces, n'auroit-il pas pu comme les autres
guidés par l'intérêt & par l'ambition fe frayer une route
à d'autres dignités ? L'eftime du Prince auroit fans
doute levé les obftacles. M. l'Archevêque ne connoît
pas les lâches ménagemens que la Religion défavoue,
mais que la politique regarde comme honnêtes, parce
qu'ils ouvrent la carriere des honneurs. Le vit-on jamais à la Cour ramper autour de ces idoles en faveur devant lefquelles fe courbent quelquefois les
têtes les plus fieres? Nouvel *Arfene*, il parut dans
le Palais de *Théodofe*, fans prétention, fans defirs;
& tandis que les autres s'épuifent en efforts pour méri-
ter les faveurs, le Prélat emportoit quelque chofe de
plus réel, l'admiration des Courtifans & l'eftime du
Monarque; ce qui prouve efficacement que la vérité
n'a pas encore perdu fes droits. Quand à la Cour

on ne paroît que pour remplir les devoirs de fon rang
& qu'on y préfente le fpectacle d'un fage, la vertu
furnage toujours au-deffus du limon des préjugés &
des paffions. M. DE BEAUMONT ne s'y montra jamais qu'avec ce défintéreffement qui caractérife les grandes ames; de retour parmi nous, il pouvoit dire avec
autant de confiance que le Prophete, au milieu des
différentes paffions qui fermentent autour du trône : *je
n'ai jamais ceffé de marcher dans la droiture de mon
cœur*, inftruit par l'Efprit-Saint, que celui qui marche
avec fimplicité, marche toujours avec confiance, je ne
connus pas cet art inventé par le vil intérêt, cet art de
s'accommoder au tems & aux circonftances pour entrer d'un pas plus fûr dans le temple de la fortune.

L'événement juftifie ce que j'avance, Meffieurs. Avant
fa promotion à l'Epifcopat, l'Abbé DE BEAUMONT
poffédoit une célèbre Abbaye; mais quelle promptitude à s'en démettre, lorfque le Ciel lui eut donné
une époufe! il refpectoit trop les faints Canons pour
ne pas obferver à la lettre ces fages ordonnances qui
défendent la pluralité des Bénéfices; défintéreffement
qui ne fut pas l'effet de l'enthoufiafme, ou d'une politique raffinée, mais la vive expreffion de la nobleffe
de fon cœur. Comme il appartient à la vertu de ne
pas fe démentir, le Prélat n'a ceffé d'en donner des
preuves authentiques. Vous rappellerai-je ces jours con-
fignés dans nos faftes, où il fit pour cette maifon deftinée
au foulagement des pauvres, le facrifice d'une fomme im-
menfe qui depuis long-tems lui étoit conteftée, mais
dont les droits furent bientôt juftifiés? M. l'Archevêque

ne regardoit pas lés revenus du Sanctuaire comme un bien qui lui appartint en propre, mais comme des fonds dont il étoit seulement le dispensateur ; puisse cet exemple ranimer l'esprit des saints Canons, & ouvrir les yeux à ces Ministres élevés en dignités qui les destinent à des emplois profanes ! Que j'aime à me retracer sa vie privée ! plus on l'approfondit, plus on y découvre de traits qui lui concilient nos respects & notre amour ; il n'étoit pas un de ces Grands de la terre qu'on n'aborde qu'en tremblant comme des divinités, & qui souvent n'ont d'autre relief que le faste & la pompe qui les environnent. Quelle affabilité, quelle douceur dans ses mœurs ! Quels charmes dans le commerce de la vie civile ! Quelle urbanité dans le langage ! qui l'a jamais vu faire acheter par des lenteurs étudiées une audience d'un moment, & profiter de la noblesse du rang qu'il tenoit, pour vendre à haut prix ses graces & ses faveurs ! Le monde pourra peut-être lui reprocher un défaut, si toutefois il mérite ce nom, celui d'être trop appliqué à ses devoirs ; mais un Evêque établi sur l'Eglise de Dieu pour la gouverner, doit veiller nuit & jour à la garde de son troupeau. Cependant a-t-il jamais manqué aux devoirs de bienséance qu'impose la société ? Il étoit tel que ce sage dont parle l'Esprit-Saint, un homme dont les manieres honnêtes, officieuses, savoient gagner les cœurs ; *vir amabilis ad societatem* (1). Lorsqu'on l'abordoit, a-t-on jamais remarqué cet air d'em-

---

(1) Proverbe, cap. 18.

pire & de domination qui dégrade plus la grandeur qu'elle ne la releve ? Perſonne ne pratiqua mieux à la lettre la maxime de l'Ecriture, vous êtes au-deſſus d'eux, ſoyez comme l'un d'entr'eux : *Rectorem te poſuerunt, noli extolli, eſto in illis quaſi unus ex ipſis* (1) ; le pauvre recevoit un accueil auſſi favorable que le riche. Eſſaye-rai-je de vous parler de cette piété qui animoit le corps de ſes actions ? Il ne ſe crut placé ſur le chandelier que pour répandre au loin la bonne odeur de ſes vertus & pour mettre en pratique le précepte que le Doc-teur des Nations intimoit à Thimothée ſon diſci-ple d'être le modele des ouailles confiées à ſes ſoins : *exemplum eſto fidelium.* (2) Qu'il étoit beau de le voir épancher ſon ame au pied des ſaints Autels en la préſence d'un Dieu trois fois Saint ! quelle humilia-tion profonde ! quel ſilence reſpectueux ! A-t-il jamais manqué d'aſſiſter à nos redoutables Myſteres, lorſque ſes infirmités ne le privoient pas de ce ſaint exercice, ou d'offrir lui-même la victime de propitiation quand le devoir l'exigeoit ?

Ne penſez pas, Meſſieurs, que la piété de M. DE BEAUMONT étoit une piété d'oſtentation qui cherche plutôt les regards des hommes que ceux de Dieu, & qui ne tarde pas à ſe démentir, lorſque l'œil du public ceſſe de l'obſerver. Sa religion étoit incapable de ces raffinemens politiques qui donnent en ſpectacle. Tou-jours auſſi franche, auſſi droite que ſon cœur, elle

---

(1) Eccl. cap. 32.
(2) I. Timot. cap. 4.

ne connut pas les détours de l'hypocrisie. Parlez ici à ma place, ô vous, qu'il regarda comme ses enfans, & racontez-nous les vertus édifiantes du Pontife que nous pleurons; vous le vîtes au milieu de vous comme un bon pere au milieu de sa famille payer tous les jours au Seigneur le tribut de ses louanges, vous inspirer plutôt par son exemple que par ses leçons le goût de la piété, & pratiquer à la rigueur les préceptes de l'Evangile. Vous le savez, sa piété fut uniforme, & ne s'écarta jamais du plan qu'il lui avoit tracé. Vous le vîtes à des heures toujours réglées qu'aucune affaire ne dérangeoit jamais, faire monter au Ciel l'encens de ses prieres par la récitation de l'Office Divin. Eh! que ne puis-je citer les pieux confidens de sa conscience? s'ils pouvoient rompre le sceau, ils annonceroient sur les toits des choses merveilleuses qui ont été confiées aux oreilles, non point par ostentation, mais par un desir sincere de les rectifier, si toutefois il y avoit quelque chose d'humain; ils nous diroient que chaque semaine il se présentoit sur le bord de la Piscine pour se laver dans les eaux salutaires de la pénitence, & trouver un prompt remede à ses foiblesses légeres inséparables de la fragilité humaine.

Jamais Prélat n'observa plus fidélement les regles des saints Canons; l'Eglise que le Ciel lui destina est une épouse chérie qui fait l'objet de toutes ses complaisances, une vigne fertile qu'il veut cultiver avec soin, un trésor précieux dont il veut rendre un compte exact au pere de famille. Il pouvoit dire comme le Prophete, je me suis fait un véritable devoir d'être toujours en senti-

reille : *super cuſtodiam meam ſtabo* ; & je demeure-
rai ferme ſur le rempart ; *& figam gradum ſuper
munitionem.*

Ah ! cher Troupeau qui fîtes l'objet de ſes ſoins &
de ſa ſollicitude Paſtorale, a-t-il jamais ceſſé de ſe trouver au milieu de vous, pour vous préſerver de la morſure
du loup infernal , & vous conduire dans de gras pâ-
turages où l'on recueille le ſuc d'une ſaine doctrine ?
Je ſais qu'il y eut des tems où votre Paſteur fut obligé
de ſe retirer dans une terre étrangere ; mais le Ciel ne
permit cette ſéparation que pour reſſerrer plus étroi-
tement les nœuds de la tendreſſe qui vous atta-
choient réciproquement l'un à l'autre ; toujours vous
fûtes préſent à ſon eſprit, & s'il ne put veiller par lui-
même ſur les intérêts de ſon Egliſe qui étoit chere
à ſon cœur , du moins en la quittant il eut la conſolation de laiſſer au milieu de vous des Pontifes reſ-
pectables qui revêtus de toute ſon autorité ont ſup-
pléé à ſes devoirs.

Et vous, Anges du déſert , qui nous tracez ſi par-
faitement la ferveur des anciens Solitaires de la Thé-
baïde, quels furent les tranſports de votre joie, lorſque vous vîtes arriver dans l'enceinte de vos murs , ſans
autre faſte que la ſimplicité, ſans autre cortége que le
nombre des vertus, un Prélat dont la renommée avoit
porté juſqu'à vous les merveilles ? Quelles douces larmes ont coulé de vos yeux, lorſque vous le vîtes
enchérir ſur ce qu'elle vous avoit dit ?

Oui, Meſſieurs, Monſeigneur l'Archevêque dans le
temps de ſa retraite à la Trappe y voulut moins pa-

roître en Prélat, qu'en simple Religieux. Quel poids n'avoit pas sur son esprit l'exemple de ces hommes vénérables dont la conversation est dans les Cieux. Dans cet asyle sacré de la pénitence inaccessible aux pompes du monde, & dont l'entrée a je ne sais quoi de religieux qui frappe les sens, on le vit, spectacle édifiant! se confondre avec les pieux Cénobites, & ne vouloir l'emporter sur eux que par le desir d'une plus grande ferveur. Ce fut là qu'à l'abri du tourbillon des affaires & du monde, *il repassoit comme le Prophete dans l'amertume de son ame* toutes les années de sa vie, *& qu'empruntant les aîles de la colombe*, il s'élevoit du limon de la terre pour aller habiter par la contemplation le séjour des Bienheureux.

Que ne m'est-il permis de franchir la distance qui vous sépare de nous, saints Anachoretes? Vous raconteriez avec plaisir ses austérités, sa vie pleine de bonnes œuvres, ses aumônes abondantes, & vous nous diriez qu'en vous quittant il emporta vos regrets. Heureuse époque qui nous prouve combien la vertu avoit d'ascendant sur l'esprit du meilleur de tous les Princes. Que j'aime à me représenter LOUIS XV touché des douleurs aiguës que souffre notre illustre Prélat! A peine la nouvelle de sa maladie est parvenue jusqu'à la Cour, que le pieux *Constantin* donne des ordres pour faciliter le retour du nouvel *Athanase*. Quels combats en ce moment s'élevent dans les esprits! La crainte & la joie se disputent l'empire; mais la joie ne tarda pas d'être victorieuse; du sein de la tempête il sort un rayon d'espérance qui dissipe nos allarmes. Dieu des miséri-

cordes

cordes, vos momens n'étoient pas encore arrivés ; vous rendîtes à nos vœux un Prélat qui faifoit la gloire de fon Clergé, & le bonheur de fon troupeau.

M. DE BEAUMONT, Meffieurs, n'a jamais démenti les grandes qualités qui l'ont rendu refpectable à nos yeux ; l'homme intérieur dont il étoit déjà revêtu & qu'il a perfectionné à la Trappe, ne fait que montrer dans un jour plus lumineux les vertus dont l'odeur a embaumé la Capitale. S'il s'en fut tenu là, nous l'euffions regardé comme un Chrétien fidele à l'accompliffement des devoirs de la Religion ; mais le Prélat favoit que l'homme public, & fur-tout un Evêque chargé de la conduite des ames, a d'autres obligations à remplir qu'il ne peut omettre fans prévarication. Qu'il me tarde donc de vous le montrer fous un point de vue qui développe toute la grandeur de fon ame ! Vous avez admiré un homme qui, dès fa tendre jeuneffe, a toujours marché dans la droiture de fon cœur, *ambulavit pes meus iter rectum à juventute meâ*. Puiffé-je vous le montrer enflammé du même zele que le Grand-Prêtre dont l'Efprit-Saint fait un éloge magnifique : *zelatus fum bonum & non confundar*. C'eft le fujet de ma feconde Partie.

SECONDE PARTIE.

L'EPISCOPAT, Meffieurs, n'eft pas une dignité oifive qui fert à entretenir le fafte & fomenter la molleffe, mais un miniftère de fermeté qui ne fe laiffe point entraîner par le torrent, ni abattre par les contradictions. Auffi Saint Paul parlant autrefois pour tout le corps

B

des Evêques difoit que Dieu ne leur avoit pas donné un efprit de crainte & de foibleffe, mais un efprit de force & de courage : *non enim dedit nobis Deus fpiritum timoris, fed virtutis.*

Convaincu de cette importante vérité, M. DE BEAUMONT ne fe voit élevé fur le Siege de la Capitale que pour nous retracer le zele de J. C. dont il tient fon autorité, & rendre à fon époufe chérie fans tache & fans rides fa premiere fplendeur. Bien différent *de ces chiens muets*, dont parle le Prophete, *qui ne favent aboyer* à l'approche du loup, de ces fentinelles endormis qui abandonnent la vigne du Seigneur au pillage, vous le verrez éprouver ce mouvement intérieur qui agitoit l'Apôtre quand il penfoit qu'Athènes étoit encore dans l'idolâtrie. Hélas ! que de maux n'ai-je point à déplorer ! faut-il r'ouvrir des plaies qui faignent encore & que des tems plus favorables pourront, je l'efpere, cicatrifer un jour ? La Philofophie moderne franchit d'un pas audacieux l'efpace du Sanctuaire ; fes maximes impies tendent même à ébranler le Trône en voulant dégager les fujets du ferment de fidélité qu'ils doivent au Prince qui les gouverne, & qui ne tient fon autorité que de Dieu, dont il repréfente l'image. Vous rappellerai-je ces tems orageux où le dragon myftérieux dont parle l'Apocalypfe fembloit entraîner par fa queue la troifieme partie des étoiles, où du puits de l'abyme il s'exhaloit des vapeurs empeftées capables d'obfcurcir le Soleil : *afcendit fumus putei & obfcuratus eft fol ejus* ; ces tems où le déifme emploie tous fes efforts pour élever fon empire fur les débris de la Religion ? Quel vaste champ se présente au zele de M. DE BEAUMONT ! N'appréhendez pas que par une lâche complaisance indigne du ministere Episcopal il tolere cette morale anti-chrétienne *qui s'éleve avec hauteur contre la science de Dieu* (1). L'homme ennemi ne le trouvera jamais appesanti par le sommeil, lorsqu'il essayera de semer de l'ivraie dans le champ du pere de famille.

Auteurs impies, dont la plume fut toute imbibée de blasphêmes, & qui ne respirâtes que pour transmettre aux âges à venir l'indépendance, la corruption des mœurs, l'oubli même des devoirs de la société, j'ose en ce jour remuer vos cendres, & évoquer vos ames : l'avez-vous vu mollir & fermer les yeux pour ne pas voir les malheureux effets que vos œuvres de ténébres étoient capables de produire dans la Capitale ? Plein de l'esprit d'Elie, Monseigneur l'Archevêque ne sait pas s'accommoder aux circonstances : il suffit que la Religion & les mœurs soient en péril, pour qu'il s'arme de ce glaive à deux tranchans qui lui a été confié, mais dont il n'a fait usage qu'à regret contre les ennemis opiniâtres de la foi. Que de larmes n'a-t-il pas versées comme Jérémie à la vue des scandales qui désoloient la Cité sainte ? Il eût donné mille vies pour épargner aux prévaricateurs que sa tendresse paternelle n'avoit pu ramener le malheur d'encourir les anathêmes de l'Eglise.

Faut-il, MM., que je vous fasse un tableau des Phi-

____

(1) I. Corint. X. 3.

lofophes de nos jours, que je dévoile leur imposture, &
que je perce le nuage dont ils ont cherché à envelopper
leurs œuvres ? Vous parlerai-je de cette Thèfe fameuse
que foutint un de leurs Emiffaires en préfence d'une
Affemblée refpectable ; Thèfe dont le poifon étoit d'autant plus dangereux, qu'il étoit préfenté fous le voile de
la Religion, mais qui cependant ne tendoit pas moins
qu'à faper les fondemens de la révélation. Alors, quel
éclat ! quel fcandale ! que de voix s'élevent contre l'impie
qui a l'audace de foutenir fes erreurs ! Le Magiftrat
fait briller le glaive des Loix, & flétrit l'Auteur. Du
Siege de la Capitale il part des foudres qui pulvérifent
fes écrits facriléges. Etions-nous donc arrivés, MM., à
ces tems malheureux prédits par l'Apôtre, où *l'on ne
pourra plus foutenir une faine doctrine ? O* mœurs !
ô tems ! ô lie de tous les fiecles ! *Comment l'or a-t-il pu
fe changer en vil plomb ?* Hé quoi ! ceux qui par
leur fcience pouvoient être le flambeau de l'Univers,
font autant d'aftres errans, qui par leur lueur maligne
égarent ceux qui les fuivent ! Ici, je vois fortir du fond
de la vallée de Montmorenci un ouvrage qui, du
premier abord femble étaler des grands principes pour
les mœurs & l'éducation de la jeuneffe, mais qui, bien
approfondi, ne préfente qu'une copie trop fidele des
Celfe, des Porphire, & ne fait un pompeux éloge de
l'Evangile, que pour mieux le dégrader dans la fuite.
Là, je vous montrerois un de ces hommes hardis, entre-
prenans, qui, fous prétexte de fpiritualifer l'ame, la ré-
duifent à la condition des bêtes, & ne veulent d'autre
Religion que celle qui favorife les penchans de la Na-

ture. Hélas ! plus nos années s'accroiffent, plus il femble que la Philofophie veuille augmenter le nombre de fes conquêtes; chaque coup que M. DE BEAUMONT porte à cette hydre, paroît lui donner une nouvelle naiffance. Que ne puis je enfevelir dans l'oubli ces malheureufes productions de l'Enfer qui excluent pofitivement la révélation, & facilitent la voie du Ciel par les vertus humaines, & qui font marcher de pair les Titus & les Marc-Aurele avec les plus grands Saints de la Loi nouvelle ? Que vous dirai-je de ce monftrueux *Syftéme de la Nature*, forti de ces abymes ténébreux pour extirper du cœur de l'homme tout fentiment de Religion, & vomir comme un volcan mille blafphêmes contre le Saint des Saints, le Jufte par excellence qui ne connut pas même l'ombre du péché ?

Grand Prélat, quelle fut votre fenfibilité à la vue de ces fcandales qui obfcurcirent tout l'éclat de la Fille de Sion ? Que de larmes ne répandîtes-vous pas au pied des faints Autels pour effacer cette tache qui défiguroit la beauté de l'Epoufe de J. C. Votre main s'eft vue contrainte de lancer la foudre; mais votre cœur a toujours reclamé contre l'action.

Comme Evêque, & par une conféquence naturelle, chargé de veiller à la confervation du dépôt facré de la Foi, M. DE BEAUMONT ne fait donc pas connoître les ménagemens qu'une timide politique auroit employés pour entretenir la neutralité. *Que l'Ange des ténebres veuille fe transformer en Ange de lumiere* (1). Je l'en-

______

(1) Corint. II. II.

tends nous avertir, *qu'il ne faut pas croire à tout efprit: nolite omni fpiritui credere* (1) , & que quand même un Ange defcendroit du Ciel pour nous annoncer un antre Evangile que celui qui nous a été annoncé par la bouche des Pafteurs légitimes, nous devons lui dire *Anathême, puifque,* felon Saint Paul, *il n'y a qu'une Foi, qu'un Seigneur, qu'un Baptême* (2). Jamais il n'a connu cette diftinction *de Paul & de Céphas,* & cette molle condefcendance d'Héli qui n'eut pas le courage de reprendre fes enfans pour avoir laiffé emporter l'Arche du Seigneur. Vous l'avez toujours entendu dire, MM., avec une voix auffi forte que celle de Jérémie; prenez garde où vous marchez : *ftate fuper vias veftras.* Informez-vous des anciennes routes, & ne vous en écartez jamais : *interrogate de femitis antiquis.*

Fut-il jamais Prélat plus ennemi des nouveautés profanes que des faux Freres cherchoient à introduire dans l'Eglife de Dieu, qui fera toujours la colonne & l'appui de la vérité : *columna & firmamentum veritatis.* Avec quel zele n'a-t-il pas commandé l'obéiffance aux Loix faintes de l'Eglife ? A-t-il jamais fouffert qu'une main étrangere ofât porter dans le Sanctuaire un autre feu que celui qui devoit brûler fur les Autels ? M. DE BEAU-MONT, MM., n'étoit pas un de ces rofeaux qui plient au gré des vents : *arundinem vento agitatam;* une de ces colonnes à demi brifées, qui ne peuvent plus fou-

_____

(1) Joan. 4.
(2) Paul, Ephef. 4.

tenir l'édifice, mais un cedre inébranlable au milieu des tempêtes, un mur d'airain qui ne craint pas les affauts mulripliés. Vîtes-vous jamais fa conftance fe démentir au milieu des épreuves les plus rigoureufes ? Toujours il fut par fon exemple & fes fages ordonnances infpirer du refpect pour cette autorité fpirituelle que le premier Chef des Pafteurs & les Evêques tiennent de Jefus-Chrift.

Vous n'ignorez pas fans doute qu'il exifte deux Puiffances; l'une temporelle & l'autre eccléfiaftique, mais dont les droits font indépendans. La premiere regne fur les corps; la feconde fur les ames. Les Princes & les Rois ont les clefs des Villes, des Provinces, des Royaumes; ils y exercent leur pouvoir avec une indépendance abfolue; *& quiconque ofe réfifter à leur autorité, réfifte à Dieu même, & s'attire une jufte condamnation.* Mais le Vicaire de Jefus-Chrift a reçu les clefs du Royaume des Cieux : *dabo tibi claves regni Cœlorum;* la clef de la puiffance pour établir des Loix qui exigent la foumiffion des Fideles. Inftruit de cette vérité, M. DE BEAUMONT ne néglige rien pour maintenir fes droits & conferver fans altération le dépôt de la Foi. Le zele qu'il témoigna pour ramener à la fubordination des Peuples qu'un efprit de vertige écarta de leur devoir & de la foumiffion qu'ils doivent au Souverain dont il étoit un des fideles fujets, nous répond de celui qu'il a toujours montré pour les intérêts de l'Eglife. Ah ! fainte Epoufe de Jefus-Chrift, vous aimer étoit le fentiment dominant de fon cœur ! Que de vies n'eût-il pas prodiguées pour rappeller au centre de l'unité tant d'efprits que l'intérêt partageoit, & pour empêcher que les hauts lieux ne se multipliassent dans Israël ? Il auroit desiré, comme David, terrasser ce Goliath qui présume trop de ses forces ; du moins eut-il la consolation de prêter une main prudente à l'Arche sainte qui penchoit, & de la conduire au milieu des Philistins à travers les écueils & les périls.

Jamais, MM., le zele de M. DE BEAUMONT ne fut ralenti ; plus les obstacles étoient grands, plus il a montré un courage héroïque. Lorsque les vents déchaînés de toutes parts soulevoient les flots, vous l'avez vu lutter contre les orages, & en sage Pilote, ne point abandonner le gouvernail du vaisseau. Vous l'avez vu faire revivre les saintes & pieuses ordonnances de ses Prédécesseurs, & montrer un zele inflexible pour en obtenir l'exécution.

Le Prélat savoit trop ce qu'il devoit à l'Eglise confiée à ses soins, pour souffrir que quelques taches en ternissent la beauté. Que de précautions ne prit-il pas pour donner des sages dispensateurs à l'héritage de Jesus-Christ. Ses veilles & ses soins ne tendoient qu'à former des dignes Ministres qui pussent ressusciter la grace de l'imposition des mains, & *luire comme des astres brillans au milieu d'une Nation perverse & corrompue.* En exigeant qu'ils fussent dépositaires de la science, vous savez jusqu'à quel point alloit son zele pour les rendre également dépositaires de la piété ; vénérables coopérateurs de ses travaux dont la ferveur venoit de rems en tems se renouveller comme la jeunesse de l'aigle dans cette pieuse Maison établie par l'un des grands

Saints du dernier fiecle, puiffé-je vous citer à témoin ;
vous nous exprimeriez la vivacité du plaifir que goûtoit
le Prélat, lorfque la plus grande partie des Miniftres du
Diocèfe reprenoit de nouvelles forces, un nouvel efprit
dans cette folitude refpectable, où l'Efprit-Saint parle toujours au cœur. Mais quelle mer d'amertume inondoit fon
ame, lorfqu'il voyoit les pierres du Sanctuaire difperfées
indignement dans les rues & dans les places publiques ?
Combien de fois n'a-t-il pas gémi, quand la néceffité
l'obligeoit d'arrêter par des peines canoniques les fcandales des Prêtres ou des perfonnes dévouées à la Religion ? S'il n'eût pas été Evêque, il n'auroit impofé d'autre punition que celle des remords ; mais il faut que
l'homme fe taife où le Juge doit parler. Le vîmes-nous
jamais céder à l'intérêt perfonnel, aux inftances des
Grands ? Sans manquer au refpect qui leur eft dû, M.
DE BEAUMONT ne confultoit que fon devoir. Je
fais que cette févérité peut-être trop inflexible forma
plus d'une fois quelqu'orage fur fa tête ; mais fes ennemis furent toujours rendre juftice à fa vertu & à la droiture de fes intentions, fi toutefois il eût été trompé ;
(car dans les grandes places eft-il poffible de voir
tout par fes yeux ?) Or, ils ne faifoient en cela que fe
joindre au Monarque qui l'honora de fon eftime.

   Oui, MM., le Prélat pouvoit fe promettre, comme
le Prophete, qu'il couvriroit de confufion fes ennemis :
inimicos ejus induam confufione ; mais quels ennemis !
des hommes qui par leurs écrits & leurs difcours facriléges attaquoient la fainteté de nos Myfteres ; des
hommes dont les mœurs ne répondoient pas à la gran-

deur du miniftere qu'ils exerçoient , & qui par la nou-
veauté de leur morale violoient la virginité de la Foi.
Quoique fon zele s'enflammâr à la vue de ces défordres ,
qui plongeoient fon ame dans la plus vive douleur , cé-
pendant il eût encore montré avec attendriffement la
place qu'ils avoient confervée dans fon cœur , s'ils étoient
revenus fincérement de leurs écarts. La calomnie rou-
jours ingénieufe à flétrir les vertus des grands hommes
aura défapprouvé ce zele qui le rendoit la terreur des
méchans & le fléau de l'impiété. Mais j'entends une
voix plus forte & plus perfuafive , celle de la vérité qui
m'apprend que le zele de M. DE BEAUMONT lui
mérita la confiance d'un Prince pieux , qui auroit plurôt
regné par fes vertus que par le droit de naiffance , fi le
Ciel n'avoit décidé de fes jours , mais *qui recueillit en
peu de tems les mérites des plus longues années : con-
fummatus brevi explevit tempora multa* (1) ; d'une
Reine qui comme Efther au milieu des pompes de la
Cour ne dédaignoit pas les auftérités de la pénitence ,
& de ces illuftres Princeffes qui feconderent fes efforts ,
lorfqu'il oublia fes maux pour exercer le miniftere d'un
Prophete auprès du Monarque religieux.

Et vous, Fille du Carmel, digne Epoufe de Jefus-
Chrift, qui, née parmi les fplendeurs du Trône, préfé-
râtes cependant les opprobres & les humiliations du
Calvaire aux efpérances les plus flarteufes, permettez
que j'ofe vous interroger en ce jour. Vous nous direz
que tout ce qui intéreffoit la Religion, la gloire de l'E-

---

(1) Sap. 5. 15.

glife & le salut des ames, intéreffoit fon cœur; & que, comme l'Apôtre, il eût fouhaité d'être anathême pour fes freres, pourvu qu'il gagnât tout le monde à Jefus-Chrift. Vous nous direz que fes yeux étoient ouverts comme ceux du Prophete pour difcerner les difpenfateurs fideles, & les placer à la tête des ouailles dont il étoit autant le modele que le premier Pafteur.

Qu'il eût été confolant pour le Prélat de voir fon zele obtenir le fuccès qu'il avoit droit d'attendre ! Mais il avoit appris de l'Apôtre, *que celui qui plante & arrofe n'eft rien*, qu'il n'appartient qu'à Dieu feul *de donner l'accroiffement*. S'il ne réuffit pas à déraciner les abus & les fcandales dont Jefus-Chrift prévoyoit la néceffité: *neceffe eft ut veniant fcandala*, du moins en empêcha-t-il les progrès ? J'en attefte les Miniftres refpectables qui entrant dans fes vues auroient voulu féparer l'ivraie d'avec le bon grain, mais qui, fuivant le précepte de l'Evangile, devoient attendre jufqu'au tems de la moiffon pour en faire le difcernement. Hélas ! je fais que M. DE BEAUMONT pouvoit dire en mourant comme Ifaïe : Il eft donc vrai que mes travaux font infructueux : *ergo in vacuum laboravi ?* & que je n'ai pas eu la confolation de voir la Religion triomphante de l'impieté & des efforts de l'Enfer. Mais, ô mon Dieu ! vous avez connu la droiture de mon cœur; aucun de ceux que vous m'avez confiés n'eft péri par ma faute. Si mon indignité a mis des obftacles à l'écoulement de vos graces, jettez un coup-d'œil fur cette vigne qui a été arrofée du fang de vos Martyrs. Tant de dignes Ou-

vriers que je laiffe, & qui portent le poids du jour &
de la chaleur me répondent qu'ils la cultiveront avec
foin & que leur zele ne fe refroidira point à la vue des
contradictions.

Le Prélat dont nous honorons à jufte titre la mémoire n'a fait fervir fon autorité que pour la défenfe
des intérêts de la Religion. Il étoit, comme Ezéchiel, le
furveillant qui s'intéreffe à la Maifon d'Ifraël : *fpecu-
latorem te dedi domui Ifraël* (1). Jufqu'à préfent vous
avez admiré, MM., un Evêque qui a rempli fidélement
les devoirs de l'Epifcopat : *zelatus fum bonum*. Mais
fi je vous montre un pere charitable envers les pauvres,
vous reconnoîtrez à ces traits le Pontife qui mérite nos
regrets : *venter meus conturbatus eft*.

TROISIEME PARTIE.

LES Grands de la terre repréfentent par leur puiffance l'image de la Divinité ; c'eft à eux que le Prophete applique ces paroles : je l'ai dit, vous êtes des
Dieux & les enfans du Très-Haut : *Ego dixi, Dii
eftis, & filii Excelfi omnes*. Ces titres pompeux leur mé-
ritent nos refpects & nos hommages ; mais pour ré-
pondre aux vues de la Providence qui ne fait accepion
de perfonne, il faut que femblables à ces nuées bien-
faifantes ils répandent des rofées falutaires fur les di-
verfes contrées de leur dépendance.

M. DE BEAUMONT, MM., n'a regardé le Siege
qu'il occupoit que comme une montagne fainte d'où

____

(1) Ezech. c. 3.

les eaux de la bienfaifance devoient couler dans les val-
lées, comme un pofte éminent d'où il pouvoit appercevoir de plus loin les miferes des malheureux, pour mieux
les fecourir.

Que ne puis-je entrer dans le détail de ces aumônes
que fa main libérale diftribua dans le fein de plufieurs
familles qui, par la crainte de tomber dans l'opprobre,
avoient recours au Prélat pour reffufciter leurs efpérances
mourantes ! Vous verriez M. l'Archevêque étayer une
Nobleffe penchante vers fa ruine, lui faciliter les
moyens néceffaires pour fortir de la pouffiere, &
foutenir un état que la Religion même autorife.

Ne croyez pas que fes bienfaits étoit difpenfés au
hafard, fans difcernement. M. DE BEAUMONT favoit porter un œil obfervateur fur toute l'étendue de
fon Diocèfe, & diftinguer les néceffités réelles ; l'a-t-on
jamais vu infulter en quelque forte, par des délais af-
fectés, à la mifere des indigens ? Quelle promptitude à
faire circuler des aumônes abondantes, lorfqu'il étoit
convaincu qu'elles pouvoient relever le commerce des
uns, empêcher le défefpoir des autres, ranimer la vertu
chancelante & prête à fe démentir ! Ici, j'entends des
Epoufes de Jefus-Chrift cachées dans le fecret de fa
face remercier à l'envi le Pere des miféricordes de
leur avoir fufcité un Pafteur qui par fes bienfaits a fe-
condé leur vocation ; là, je le vois confacrer une partie
des revenus du Sanctuaire à l'entretien de ces jeunes
Eleves qui dans ces afyles facrés de la Religion ve-
noient puifer cette ferveur de piété, difpofition pro-
chaine pour entrer dans la Sainte Milice.

Que j'aime à me transporter hors des murs de la Capitale, & à porter mes regards sur cette Maison de bénédiction, où des respectables vieillards autant cour-
bés sous le poids des années qu'épuisés par les fatigues
du ministere offrent encore d'une main tremblante la
victime pure & sans tache pour les péchés du monde
entier ! Quelles bornes peuvent-ils fixer à leur recon-
noissance, lorsqu'ils trouvent dans M. DE BEAUMONT
un pere charitable qui sait dédommager leurs travaux
par cette retraite honorable où ils peuvent mettre quelqu'intervalle entre la vie & la mort.

Oui, MM., le Prélat connoissoit trop les devoirs du
Christianisme pour ne pas remplir ceux de l'humanité.
Fut - il aucun genre d'infortunés qui n'ait pas ressenti
les effets de sa tendresse paternelle ? Vous eussiez dit
que la miséricorde & la bienfaisance étoient nées avec
lui. Vicaire de la charité comme du pouvoir de Jesus-
Christ, il ne veut laisser, à l'exemple de ce divin
Maître, sur son passage que des traces de sa libéralité :
pertransiit benefaciendo ; & son plus grand desir eût
été comme celui de l'Apôtre de renfermer dans ses entrailles tous les malheureux en proie aux horreurs de la
faim & de la mort. On pouvoit dire de lui qu'il étoit
le pere de l'orphelin, l'époux de la veuve, l'œil de l'a-
veugle, le pied du boiteux & le protecteur des pauvres.
Il n'étoit pas un de ces riches fastueux, qui ne font pas
fâchés qu'on embouche la trompette pour publier leurs
bonnes œuvres. Par une fausse modestie, ils ne veulent
pas totalement s'approprier une partie de l'holocauste
qu'ils offrent au Seigneur ; mais cependant ils retien-

nent pour eux un grain d'encens, & veulent qu'à travers l'obſcurité apparente on entrevoye la main qui diſpenſe les bienfaits ? M. DE BEAUMONT ſuivit à la lettre le précepte de l'Evangile qui défend à la main gauche de ſavoir ce que la droite diſtribue. Telles que ces canaux qui ſemblent perdre leurs eaux ſous terre, mais qui, après un long circuit, les portent ſans bruit au baſſin qui les attend pour les répandre dans les différentes parties des lieux circonvoiſins, & y faire croître le germe d'une heureuſe eſpérance, ſes aumônes inconnues paſſoient par pluſieurs mains fideles, & alloient porter l'abondance dans diverſes familles que la honte empêchoit d'expoſer leur état. O vous ! qui le regardâtes comme un pere bienfaiſant, l'avez-vous vu jamais affecter un air de hauteur & de fierté, lorſque le beſoin vous obligeoit d'implorer ſa tendreſſe ? Combien de fois avec cette bonté paternelle ne vous a-t-il pas en quelque ſorte priés d'accepter ſes graces, & recommandé le ſecret ? O généroſité héroïque & digne à jamais d'être tranſmiſe aux âges à venir !

Si M. DE BEAUMONT, MM., n'a pu ſubvenir aux néceſſités de tous ceux qu'il portoit dans ſes entrailles, du moins eut-il la conſolation de dire que ſon cœur étoit plus grand que ſa fortune, & qu'il auroit deſiré pouvoir renouveller le miracle de Jeſus-Chriſt qui ne fit que lever les yeux au Ciel pour multiplier ſes tréſors, & raſſaſier une multitude affamée qui le ſuivoit dans le déſert. Comme il n'appartient qu'à un Dieu d'opérer ce prodige, le Prélat ſe contenta d'imiter la compaſſion du Sauveur, & de reſſentir par contre-coup les peines que ſes freres enduroient. Il pouvoit dire avec la même ardeur & la même vérité que Saint Paul : *Quis infirmatur, & ego non infirmor* (1) ? Quel eſt le pauvre, quel eſt l'infirme, quel eſt l'homme dans l'affliction, à qui je ne compatiſſe, & que je ne tâche de ſoulager ?

En quelle circonſtance montra-t-il un cœur plus compatiſſant, ſi ce n'eſt dans celle où un incendie preſque univerſel s'étoit répandu dans cette Maiſon qui raſſemble en ſon enceinte toutes les infirmités humaines ? A peine la lueur des flammes éclaire ſon Palais, qu'il ſe leve promptement, brave la rigueur de la ſaiſon, & vole le premier au ſecours des malheureux qu'elles menaçoient déjà de dévorer. Hélas ! qui a pu voir ſans attendriſſement ce nouveau Borromée joindre ſon zele à celui des Magiſtrats, donner des ordres pour les faire tranſporter dans l'Egliſe de la Capitale, & là, ranimer le courage des uns, réſigner les autres à ce terrible paſſage du tems à l'éternité, & confondu parmi ſes Miniſtres, autant dépoſitaires de ſes aumônes que de ſon autorité, ne vouloir l'emporter ſur eux que par les qualités de pere & de bienfaiſant ? Vous dirai-je que ſa maiſon même étoit conſacrée au ſoulagement des pauvres ; & qu'écartant ce faſte qui en impoſe, il voulut s'entretenir avec eux comme un bon pere de famille avec ſes enfans ? Vierges Chrétiennes, Martyres de la *charité de Jeſus-Chriſt qui nous preſſe*, & qui prodiguez vos jours pour l'humanité ſouffrante, que nous plaignîmes

-----

(1) 2. Cor. c. 11.

votre fort en ces momens défaftreux ! Qu'il vous coûta d'être obligées de participer à la douleur publique, & de voir en proie aux flammes tant de perfonnes infor= tunées dont les longues maladies n'avoient jamais épuifé la patience ! Hélas ! fallut-il que tant de chaftes Colombes qui s'étoient retirées dans l'Arche pour fe dé- livrer du déluge univerfel, fe viffent contraintes d'y ren- trer, & d'être enveloppées dans la perte commune ? Non, non, il n'en fera pas ainfi ; M. l'Archevêque leur offre fa maifon pour retraite, où, à l'abri des périls du monde, elles ne craignent pas ce torrent d'iniquités qui fe débordent dans la Capitale.

Que manquoit-il donc, MM., à la gloire du Prélat ; qui *accomplit toute juftice* (1), & qui ne regarda les biens dont il pouvoit jouir, que comme un dépôt facré qui appartenoit aux pauvres. Bien différent de ces riches qui mettent leur cœur où eft leur tréfor, vous ne l'avez jamais vu fe faire des amis par les richeffes d'iniquité, ni courir après l'or : il étoit cet homme dont parle le Sage, qui mérita nos louanges pour avoir fait des chofes merveilleufes pendant fa vie. Son cœur étendu par la charité, fut dans toutes les occafions le cœur de la libé- ralité même, de la tendreffe compatiffante, & comme le fein de la fortune favorable à tous les malheureux. Vous nous avertîtes, ô mon Dieu ! par votre Apôtre, que la Charité ne périt jamais : *charitas nunquam ex- cidit.* Hé quoi ! verrons-nous tomber fous la faulx im- pitoyable de la mort celui qui étoit, fi j'ofe parler

______

(1) Math. 3.

C

ainfi, la Charité même ? Eſt ce que l'innocence de ſes mœurs, ſa foi incapable d'altération, ſa piété tendre & conſtante, ſes aumônes abondantes ne pourront lui aſſurer parmi nous le gage de l'immortalité ? Il ne nous appartient pas, Seigneur, de ſonder la profondeur de vos decrets ; vous renverſez, quand il vous plaît, les hauts cedres du Liban, pour mieux montrer la fragilité des foibles arbriſſeaux.

Je touche donc, MM., ſans m'en appercevoir, à ce moment qui va renouveller nos douleurs ; moment heureux pour le Prélat qui doit bientôt recevoir la couronne de juſtice ; mais terrible pour la Religion, qui va perdre un protecteur, les pauvres un pere, la Capitale un modele vivant de toutes les vertus chrétiennes. C'en eſt fait, l'ordre irrévocable part des decrets éternels ; juſqu'à préſent le Ciel n'avoit fait que ſuſpendre ſa foudre ; mais il eſt ſur le point de la lancer ſur nos têtes ; la maladie du Prélat qui ſembloit d'abord ne préſenter aucun danger preſſant augmente, les reſſources de l'Art ſont épuiſées. Quel deuil ! quelle conſternation dans toute la Capitale ! quel concours de monde à la Métropole, pour intéreſſer la victime adorable expoſée ſur nos Autels en faveur du Pontife mourant ! Les Grands ſe confondent avec le peuple, & ne veulent y être diſtingués que par une douleur plus profonde, & la ferveur de leurs prieres. Que de citoyens viennent remplir nos Temples, & les font retentir de leurs gémiſſemens ! que de larmes répandues dans le Sanctuaire de ces Vierges ſacrées, qui par la vivacité de leurs vœux auroient arraché des mains de l'Eternel le redoutable glaive qui devoit trancher des jours si précieux ; si les arrêts du Ciel n'étoient pas immuables ! qu'il devoit en effet coûter aux ames vraiment chrétiennes de voir disparoître de la terre des vivans un Pontife dont les exemples furent une odeur de vie , & qui, dans les revers comme dans les maladies, montra toujours une parfaite résignation aux ordres rigoureux du Seigneur ? Jamais il ne fallut prendre aucune précaution ni aucun ménagement pour l'avertir du péril qui le menaçoit. Instruit de cette grande vérité qu'un Chrétien doit se munir de ces divins secours dont l'Eglise est la dispensatrice, il les desire avec empressement, & les demande avec ardeur. Respectable Clergé, qui faisiez la gloire & la consolation du Prélat que nous pleurons, & qui êtes l'ornement de ce Diocèse, permettez que je r'ouvre vos plaies; (car vous sentiez la grandeur de la perte que nous allions faire). Vous ne pûtes voir, sans verser des larmes abondantes notre Pasteur vous donner sa derniere bénédiction, & se nourrir avec une élévation de foi, une tendresse de piété du pain des Anges, où il avoit toujours trouvé sa force & sa consolation. Hélas ! eussiez-vous cru que cette auguste & pompeuse cérémonie, où un des Corps distingués de la Capitale rendit au Tout-Puissant de solemnelles actions de graces pour l'heureuse Naissance de l'Héritier présomptif de la Couronne, étoit la derniere à laquelle il assista moins par devoir que par amour pour les intérêts de l'Etat ? Avec quel transport le vîmes-nous recueillir le reste de ses forces pour nous donner l'exemple du zele avec lequel nous devions célébrer les miséricordes du

Seigneur, qui s'intéreſſe au bonheur de la France ?

Mais, à quoi bon charmer notre douleur par des idées étrangeres, & ne vouloir point appercevoir le coup qui nous menace ? L'inſtant arrive où la victime va être immolée ; déjà un profond aſſoupiſſement nous préſage le ſommeil de la mort, tous ſes ſens ſont engourdis ; mais il lui reſte le mouvement de ſon cœur, qui forme encore des vœux pour ſon Egliſe qu'il abandonne, dans le tems que ſa langue ne peut prononcer aucune parole en ſa faveur. Il meurt donc ce Prélat, qui fut le miracle de ſon ſiecle par l'héroïſme de ſa foi, la pureté de ſes mœurs, & ſa fermeté dans les revers ; ce Prélat dont les jours furent pleins, ſuivant l'expreſſion de l'Ecriture, & qui pouvoit dire avec autant de confiance que l'Apôtre, *bonum certamen certavi* : J'ai combattu avec courage contre les ennemis de la Religion, & jamais ni les Principautés, ni les perſécutions n'ont pu me ſéparer de la charité de Jeſus-Chriſt. *Fidem ſervavi* : J'ai conſervé la foi dans toute ſon intégrité, & je n'ai point ſouffert qu'elle reçût aucune atteinte. *Curſum conſummavi* : Enfin ma carriere eſt fournie ; graces, Seigneur, à votre miſéricorde toute gratuite, j'ai tâché, autant qu'il a dépendu de moi, de produire des fruits de ſalut & de ſainteté. Que me reſte-t-il donc à eſpérer maintenant, ſi ce n'eſt cette couronne de juſtice que vous m'avez miſe en réſerve : *in reliquo repoſita eſt mihi corona juſtitiæ* ? Il meurt… il meurt… Je me trompe, Meſſieurs ; à l'exemple du Juſte dont parle l'Ecriture, il s'eſt endormi dans le baiſer du Seigneur : *obdormivit in Domino.*

Approchez, Grands du monde, & venez vous inftruire; notre illuftre Prélat, du fond de fa tombe qui renferme toutes les dépouilles de fa mortalité, vous dira d'unevoix muette, il eft vrai, mais affez énergique pour fe faire comprendre, que les honneurs, les dignités font des titres imaginaires qui paffent; que tout s'ufe, tout fe détruit comme un vêtement, mais que les vertus feules des Juftes fubfiftent après le trépas. Il vous dira que comme *on demandera beaucoup à celui à qui il a été donné beaucoup*, heureux eft celui qui aura fait valoir au centuple le talent qu'il a reçu, & qu'il n'appartient qu'aux bonnes œuvres de rendre favorable le jugement du Seigneur, qui pefe tout au poids du Sanctuaire, & qui *juge* même *les juftices* des hommes.

Quoique l'Efprit-Saint nous apprenne que *perfonne ne fait s'il eft digne d'amour ou de haine*, & que Jefus-Chrift nous dife dans l'Evangile, qu'il faut payer *jufqu'à la derniere obole*, cependant, Seigneur, s'il refte encore quelques légeres imperfections à expier, nous avons lieu de préfumer que vous avez eu égard aux prieres de tant de Juftes, à la droiture de fon cœur, & à la voix du fang de la Victime adorable qui a coulé fur nos Autels. Pourrions-nous douter de votre miféricorde en faveur du Prélat que nous avons perdu, puifque vous daignâtes exaucer les vœux que nous vous adreffâmes pour diriger le religieux Monarque dans le choix d'un Pafteur felon votre cœur, qui ait pour nous le même zele & les mêmes entrailles ? Au milieu de nos alarmes vous nous avez ménagé un motif de confolation, en nous donnant un Pontife dont les regrets du Clergé & du Peuple

qu'il abandonne font l'éloge ; la réputation de ce nouveau Prélat l'a déjà précédé, sa présence ne tardera point
à nous faire dire qu'il *surpasse ce que la renommée avoit
pu nous en apprendre* (1). Les larmes de tant de familles
qu'il secourut dans des nécessités extrêmes, & sur-tout
dans ces incendies qui ruinerent leurs espérances, nous
répondent qu'il est l'Envoyé de Dieu, & que le Ciel,
par conséquent, avoit encore des desseins de miséricorde sur ce vaste Diocèse. Puissions-nous écouter avec
docilité ses sages instructions, imiter ses exemples ! Tous
ses soins ne tendront qu'à nous montrer la voie par où
il faut marcher, le flambeau qu'il faut suivre, & la
vérité qui doit être la regle de nos actions. Ainsi soit-il.

------

(1) 1. Paral. 9. 6.

F I N.